**Bibliografische Information der Deutschen Nationalbibliothek:**

Die Deutsche Bibliothek verzeichnet diese Publikation in der Deutschen National-
bibliografie; detaillierte bibliografische Daten sind im Internet über http://dnb.d-
nb.de/ abrufbar.

**Impressum:**

Copyright © 2016 GRIN Verlag, Open Publishing GmbH
Druck und Bindung: Books on Demand GmbH, Norderstedt Germany
ISBN: 978-3-668-17639-3

**Dieses Buch bei GRIN:**

http://www.grin.com/de/e-book/317823/die-geschichte-beider-deutscher-staaten-
1949-bis-1989-die-politik-adenauers

Mike G.

# Die Geschichte beider deutscher Staaten 1949 bis 1989. Die Politik Adenauers und Ulbrichts, APO und Widerstand in der DDR

**Ein Überblick in Stichpunkten**

GRIN Verlag

# Abiwissen Deutsche Teilung

## Vorwort

Die folgende Zusammenfassung verschafft einen ausführlichen Überblick und tiefgreifendes Verständnis der bipolaren Situation Deutschlands nach dem Zweiten Weltkrieg. Die jeweiligen Staatsgründungen bis hin zu den Krisen der DDR werden hier genaustens erwähnt und dargelegt, natürlich im Kontext der internationalen Beziehungen zwischen Ost und West. Stichwortartig wurden die Ereignisse der Jahre 1949 – 1988 festgehalten und erläutert, sowie mit einigen zeitgenössischen Quellen untermauert, welche gelb hinterlegt wurden. In der Auflistung der jeweiligen Ereignisse sind die Quellen auf ihre wichtigsten Aussagen reduziert worden, am Ende findet sich das sogenannte Quellenblatt, welches ausführlichere Zusammenfassungen beinhaltet.

## Die Gründung der Bundesrepublik Deutschland.
* **8. Mai 1949 Grundgesetz verabschiedet.**
* 53 zu 11 Stimmen, Bayern forderte stärkere föderative Elemente; von Militärgouverneuren und Landtagen gebilligt.
* Griff Tradition von **1848** auf und von Erfahrungen der Weimarer Republik und des Nationalsozialismus geprägt.
* Verfassung sollte gegen verfassungsfeindliche Aktivitäten geschützt sein und Regierung stabilisieren.
* **Präambel des Grundgesetzes.**
* Übernahme von Verantwortung für politische Gestaltung der BRD.
* Staatliche und nationale Einheit als Ziel → Vorläufigkeit / Provisorium.
* Einbindung in friedliches Europa unter Abkehr der NS – Politik.
* => BRD betrachtete sich als das Deutschland, welchem sich Deutsche in sowjetischer Besatzungszone anschließen werden.
   → Kritik an sowjetischer Politik, welche deutsche Einheit behindert.

### Das Grundgesetz als Schutz vor ähnlichen, vergangenen Ereignissen

| Grundgesetz 1949 | Lehre aus Weimarer Zeit | Lehre aus Nationalsozialismus |
|---|---|---|
| **Artikel 1 – 17** Menschen und Bürgerrechte. **Artikel 1** (Menschenwürde für jeden) und **Artikel 20** (Grundsätze des Staatsaufbaus (Demokratie, Föderalismus, Rechts- und Sozialstaatsprinzip)) dürfen nicht verändert werden. | | Extreme Verstöße gegen die Menschlichkeit (Vernichtung ganzer Personengruppen, die als wertlos angesehen wurden (rassistisch, biologisch)); willkürliche Strafmaßnahmen. |
| Bundespräsident nur auf repräsentative Aufgaben beschränkt; keine direkte Wahl, da ausländische Reputation äußerst wichtig ist. | Zu starke Stellung des Reichspräsidenten (**Art. 25 und 48**). | |
| Bundesverfassungsgericht (**BVG**) prüft Gesetze auf Verfassungsmäßigkeit, kann solche aufheben. | Fehlender Schutz für Verfassungsrechte (Justiz „war auf rechtem Auge blind"). | **1933**: Ermächtigungsgesetz hob die Demokratie auf. |
| | Offen verfassungsfeindliche | |

| | |
|---|---|
| Parteien Verfassungsrang bekommen; genießen staatlichen Schutz, müssen aber Ziele auf demokratischen Aufbau des Staates und Verfassung ausrichten. | Parteien (DNVP, NSDAP, KPD). |
| Mehrheitswahlrecht; **1953** 5% - Hürde eingeführt. | Verhältniswahlrecht und fehlende Prozenthürde führten zu Splitterparteien und Neuwahlen. |
| **Art. 67**: konstruktives Misstrauensvotum, Kanzler nur absetzen, wenn Neuwahlen anlaufen, damit keine Zeit ohne Kanzler entsteht. | **Art 54**: Absetzung des Reichskanzlers, ohne dass Neuwahlen einen sicheren Kandidaten hervorbringen. |

- **12. Mai 1949** Berlin Blockade wegen offensichtlicher Nutzlosigkeit aufgehoben.
  => Westmächte demonstrierten, dass *Status quo* nicht geändert werden sollte.
- Nach Blockade setzte sich Meinung durch, das UdSSR aggressive Machtpolitik betreibt.
- **12. Mai 1949 Westdeutscher Staat entstand.**
- Verwaltung der Trizone in deutsche Hände gelegt.
- **15. und 16. Mai 1949** Wahl des dritten Volkskongresses in sowjetischer Besatzungszone.
- Wollte Staatsbildungsprozess zum Ende bringen, auch über Verfassung abgestimmt worden.
- Wahlverfahren war pseudodemokratisch, es gab Einheitsliste, welche man annehmen oder ablehnen konnte.
  → Wahl zwischen Frieden und deutscher Einheit.
- Nur 66% der Bevölkerung stimmte für die Einheitsliste.
  → Niederlage der SED.
- **23. Mai 1949 Bundesrepublik wurde gegründet.**
- Gesamtdeutsche Lösung in Bundesrepublik und Nachbarstaaten erhalten geblieben, beide Staaten nur Provisorien.
- **23. Mai 1949 Grundgesetz tritt** in Westzone **in Kraft.**
- Nach langem Verhandlungsprozess mit deutschen Politikern und Alliierten.
- Von deutschen Politikern in parlamentarischem Rahmen realisiert worden.
- Parlamentarischer Rat musste alle anderen Staatselemente neu schaffen und ernannte Bonn zur Hauptstadt.
- **Sommer 1949 Bundestagswahlkampf.**
- Bezeugt neues demokratisch-politisches Leben, das von alten / neuen Parteien ausging.
- **7. September 1949 Bundestag tritt zusammen.**
- CDU hat knappe Mehrheit, stellt Bundeskanzler Adenauer.
- Alliierte setzten **Hohe Kommission** ein, welche Funktion der Militärgouverneure ersetzt.
- Wird Deutschland Souveränität nehmen, wenn BRD vom westlichen Kurs abweicht.
  → Kontrolle war nur noch zurückhaltend.

## Die Gründung der Deutschen Demokratischen Republik.

- **Oktober 1949** Vom dritten Volkskongress bestimmter **Volksrat erklärt sich zur** provisorischen **Regierung** in der sowjetischen Besatzungszone.
- **7. Oktober 1949 Gründung der DDR.**
  => Geburt des zweiten Staates auf deutschem Boden.
- Westmächte behaupteten DDR unterscheide sich von BRD, weil sie undemokratisch sei.

- DDR wurde entweder direkt von der SMAD oder indirekt von der SED gelenkt.
- SED beschäftigte sich mit Staatsgründung, versuchte auch Einfluss auf alle vier Besatzungszonen auszuüben.
  - **„Provisorische Volkskammer" setzt Verfassung in Kraft.**
    - Verfassungstradition und Erfahrungen wie in BRD aufgegriffen, aber anders gedeutet.
    - *Marxismus-Leninismus* prägte Gedankengänge; Nationalsozialismus als logische Konsequenz des Kapitalismus verstanden.
      => Aufbau antikapitalistischer, sozialistischer Strukturen prägt Selbstbild der DDR.
- Im *marxistisch-leninistischem* Verständnis muss Proletariat und Partei die Regierung und Gesellschaft sozialistisch gestalten um auf Kommunismus vorzubereiten.
  → führende Rolle der SED in Staat, Wirtschaft und Gesellschaft sowie Verstaatlichung von Industrie, Handel und Landwirtschaft.
- In DDR ging es darum *marxistisch-leninistische* Wahrheiten in Realität umzusetzen.
- Abgrenzung zu BRD, wo Mehrheit Entscheidungen fällt.
  → „bürgerliche, formalistische" Demokratie gegen „Volksdemokratie".
- SED hütet staatliche Politik, Debatten und Entscheidungen in Betrieben waren nur Detailmaßnahmen für Kommunismus.
- DDR Verfassung unterscheidet sich im Inhalt und Umsetzung von BRD Verfassung.
- Keine Gewaltenteilung sondern Gewalteneinheit, Partei und Staat personell und institutionell miteinander verbunden, kein föderalistischer sondern zentralistischer Staat.
- **Artikel 1**: Staat ist politische Organisation des Proletariats, wird von Arbeiterklasse und marxistisch-leninistischer Partei geführt.
  → SED bekommt führende Rolle in Staat und Gesellschaft.
- Leitpositionen in Staat und Gesellschaft von SED und Funktionären (Parteikader) besetzt.
- „richtige" politische Haltung wichtiger als Kompetenz.
  → Führungselite mit bestimmten Privilegien entstand, welche personelles Rückgrat des Systems bildet.
- Formell blieb sozialistisches Parteisystem erhalten, aber „Blockparteien" waren SED untergeordnet.
- Keine politische Selbstständigkeit, lediglich Integration bestimmter Bevölkerungsgruppen in sozialistisches System.
  - CDU Partei in christlichem Humanismus, anfänglicher Widerstand wegen Enteignungen, integriert Christen in sozialistisches System.
  - LDPD (*liberal-demokratische Partei Deutschlands*) integriert „alte Mittelschicht" (Handwerker, freie Berufe).
  - DBD (*demokratische Bauernpartei Deutschlands*) integriert Landbevölkerung, vor allem wegen Zwangskollektivierung wichtig.
  - NDPD (*national-demokratische Partei Deutschlands*) integriert Nationale und erzieht Nazis um.
- Parteien stellten sich mit SED und Massenorganen zur Wahl auf **Einheitsliste der „nationalen Front".**
  - Liste anzunehmen oder abzulehnen, Blockparteien erhalten 52 Sitze, Annahme bedeute Wahl von Frieden.
  - Wahlen öffentlich, sodass über 90% Zustimmung von DDR als Erfolg des Systems gedeutet wurde.
- Massenorgane erhielten auch Sitze in Volkskammer, aber Mitglieder auch Mitglieder der SED.
  → Verschleierung der wahren Machtverteilung in Volkskammer.
- Massenorganisationen haben hohe gesellschaftliche Bedeutung.

- Durch komplexes Vergünstigungs- und Sanktionssystem treten viele Mitglieder bei und werden in SED integriert.
- **FDGB** (*freier deutsche Gewerkschaftsbund*) vertritt nicht Interessen gegenüber Arbeitgeber (Staat) sondern kümmert sich um *„Zusammenarbeit und Kameradschaft der Arbeiter"*.
  - Gesellschaftliche und soziale Belange der Industriearbeiter behandelt (Ferienanlagen).
- **FDJ** (*freie deutsche Jugend*) für Erziehung und Mobilisierung der Jugendlichen bis 25 Jahren verantwortlich.
  - Mitgliedschaft in „Jungpionieren" (6-9 Jahre), „Thälmann – Pioniere" (10-13 Jahre) und FDJ (14-25 Jahre) freiwillig, aber für Studium/Karriere vorausgesetzt.
  - Mitgliedschaft auf Land und von weniger Gebildeten geringer.
- **11. Oktober 1949 Wilhelm Pieck wird Präsident der DDR.**
- Einstimmiges Wahlergebnis, was typisch für DDR ist.
- Präsidentenamt später vom Generalsekretär des Zentralkomitees der SED übernommen.
- **12. Oktober 1949 Otto Grotewohl wird Ministerpräsident der DDR.**
- Regierungserklärungen der DDR betonen Freundschaft zur UdSSR.

**Die Politik beider deutschen Staaten.**
- DDR und BRD bleiben 4 Jahrzehnte getrennte politische Einheiten.
- Eiserner Vorhang trennte beide deutsche Staaten voneinander.
  → Ost-West – Konflikt teilte ganz Europa in zwei gegensätzliche Machtblöcke.
- USA und UdSSR haben Entwicklung der Staaten stark beeinflusst.
- Weltanschauung als Staatsidentität und -legitimation gewählt, da Definition als Staat vom anderem deutschen Staat gestört wurde.
  → Nachahmung oder Abgrenzung.
- Bei Staatsgründungen wurde eigener Staat als Keimzelle Gesamtdeutschlands in Präambeln der Verfassung / Grundgesetzes dargestellt.
  → Ambivalente Umsetzung der Deutschlandpolitik, da Adenauer diese durch **Westintegration** verhinderte.
- Außenpolitik der BRD von **zwei Faktoren** bestimmt:
- Besatzungsstatus erlaubt Westmächten sich deutsche Souveränität anzueignen.
- Ost-West – Konflikt, welcher BRD zum Frontstaat des Kapitalismus machte.
  => Konflikt, ob deutsche Einheit oder staatliche Souveränität.
- **Adenauer** zielt auf staatliche Souveränität durch Anbindung an Westmächte.
- Nur durch Abgrenzung zur UdSSR, nicht durch **Politik des Lavierens** (Balancierens) zwischen USA und UdSSR.
  → Dadurch erhofft Handlungsspielraum deutscher Politiker zu erweitern.
- SPD kritisierte Politik **Adenauer**s, wegen Zementierung der

---

**Gut zu wissen!**
**Nationalgefühl.**
Wandel mit der Zeit, Begriff wurde für neue Generationen immer abstrakter, aber nie wirklich verloren.
*Objektive bzw. vorstaatliche Kriterien:*
Gemeinsame Kultur, Sprache, Herkunft etc.
*Subjektive bzw. staatsbildende Kriterien:*
Solidarität und Wille eines gemeinsamen Staates.

---

**Kontrovers!**
**Politik Adenauers.**
Öffnung deutscher Politik und Integration an Westen positiv beurteilt. Ermöglichte kulturelle, wirtschaftliche und politische Impulse aus England und Amerika. Führte zur historisch einmaligen Verständigung der Erbfeinde Deutschland–Frankreich. Kritik an Hinnahme deutscher Teilung. **Adenauer** habe Verständigung mit UdSSR verspielt, doch viele Historiker sehen in Westintegration einzige Alternative.

deutschen Teilung.
→ Adenauer ordnete deutsche Einheit eindeutig Westintegration unter.
- **1949 – 13. August 1961** Über 3 Millionen (junge, gut ausgebildete) Menschen fliehen von DDR in BRD.
- USA und UdSSR haben Entwicklung der Staaten stark beeinflusst.
- Weltanschauung als Staatsidentität und -legitimation gewählt, da Definition als Staat vom anderem deutschen Staat gestört wurde.
  → Nachahmung oder Abgrenzung.
- **Deutsche Identitäten aus Konkurrenz entstanden.**
- Ostdeutsche Identität von Westfernsehen geprägt worden.
- Westdeutsche Identität durch Abgrenzung zum Osten erwachsen.
- Westintegration und soziale Marktwirtschaft legten **Grundsteine** für politische und wirtschaftliche Entwicklung der BRD.
- **1949 – 1961 „Aufbaujahre" der BRD.**
- **1949 – 1963 Erhard ist Wirtschaftsminister der BRD.**
- **1949 – 1963 Adenauer ist Bundeskanzler der BRD.**
- Gesellschaft in Aufbaujahren **doppelter Bewegung** vollzogen.
  1. Modernisierungsschub durch Landflucht und mehr Arbeitsstellen im Dienstleistungssektor.
  - Soziale Unterschiede und Traditionen nahmen ab, Bedeutung von Leistungsbereitschaft und Mobilität zu.
  → **„Nivellierte Mittelstandgesellschaft"** durch gemeinsame Orientierung.
    ○ Entzog radikalen Parteien Wählern, stabilisierte Demokratie.
  2. Konservative Grundhaltung durch fehlende NS Aufarbeitung.
  - Sorgte für Regierungsstabilität, jedoch profitierten deshalb einige Bevölkerungsbereiche nicht von Modernisierung.
    - Bildungssystem unterentwickelt, **Bild der Frau** wieder zur Hausfrau und Mutter gewandelt.
- Wirtschaftlicher Aufschwung und außenpolitische Stabilität sichern Regierung Mehrheitsverhältnisse.
- Adenauers volkstümlich-großväterliches Auftreten machte ihn in nach Anerkennung und Stabilität suchenden Gesellschaft populär.
- Sukzessive Wiedererlangung von Souveränität, außenpolitischen Spielräumen und internationaler Anerkennung auf Westintegration, moralischer Integrität und Verhandlungsgeschick zurückgeführt.
- **1949 – 1971 „Ära Ulbricht"** (1. Sekretär des ZK der SED).
- Bevölkerung in DDR fühlt sich unzufrieden, ist niedergeschlagen und resigniert.
- Wegen Einschränkung der persönlichen Freiheit, Spielraums der evangelischen Kirche, politischem Druck, hohen Arbeitsnormen und Zwangskollektivierung.

> **Interessant!**
> **Kampf um Begriffe.**
> Westdeutsches Kultusministerium entscheidet, dass Deutschlandkarte in Schulbüchern mit Grenze „besonderer Art" gekennzeichnet; Unterteilung in „Berlin (West)" und „Berlin (Ost)", in DDR (bis 1960 in Anführungszeichen) und Bundesrepublik. In Kartendarstellungen der DDR war innerdeutsche Grenze wie normale Staatsgrenze gekennzeichnet; Unterteilung in „Berlin (West)" und „Berlin (DDR)", in DDR und BRD.

- Trotz festgelegter Machtverhältnisse wechselten sich in Geschichte der DDR Phasen der forcierten *Sowjetisierung* mit Phasen der *Liberalisierung* ab.
- Wegen Widerständen in Bevölkerung, wegen propagierter Rücksichtnahme auf BRD, wegen

5

Änderungen der Machtverhältnisse (Tod Stalins, Breschnew Doktrin, Liberalisierung).
- **29. September 1950** Gegenseitige Abstimmung beider Planwirtschaften DDR und UdSSR abgeschlossen.
  → Ende des wirtschaftlichen Integrationsprozesses.
- **1950 Ministerium für Staatssicherheit (MfS) (Stasi) gegründet.**
- Staatlicher Versuch der großflächigen Kontrolle und Überwachung.
- Überwachungs- und Bespitzelungsapparat der Stasi schwoll immer weiter an.
  → Zentrum des Herrschaftssystems der SED.
- **1950 – 1953 Korea Krieg.**
- Erhöht den westdeutschen Export und ermöglicht wirtschaftlichen Aufschwung.
- **1951 BRD in Europarat aufgenommen worden.**
- Alliierte erklären Kriegszustand für beendet.
- **10. März 1952 Stalin-Note.**
  *Vorschlag Stalins für eine baldige gesamtdeutsche Lösung.*

| A) Politische Leitsätze. | B) Territorium. | C) Militärische Leitsätze. |
|---|---|---|
| Unabhängigkeit Deutschlands, volle Souveränität, Demokratie, Presse-, Meinungs-, Versammlungs-, Religions- und Freiheit auf politische Gesinnung, Gleichheit und Freiheit der Bürger, demokratische Parteien und Organisationen dürfen frei handeln. Demokratiefeindliche Organisationen nicht geduldet. | Grenzen aus Potsdamer Konferenz sollen eingehalten werden. | Selbstverteidigungs-streitkräfte sind erlaubt. Rüstungsindustrie zu dessen Ausrüstung aufbauen. |

- **26. Mai 1952 „Deutschlandvertrag"** mit Westmächten geschlossen.
- BRD volle Souveränität gewährt.
- **10. Juli 1952 Lastenausgleichsgesetz.**
- Materielle Unterstützung für Heimatvertriebene, Flüchtlinge und Kriegsgeschädigte garantiert.
- **1952 Beitritt Deutschlands in „Montanunion".**
- Wirtschaftsintegration machte Aufbau der Schwerindustrie ohne ausländische Proteste möglich.
- **5. März 1953** Tod Stalins führt zur Liberalisierung des Landes.
- **1953 – 1964 Amtszeit Chruschtschows als 1. Sekretär der KPdSU.**
- Behält Hegemonialanspruch der Sowjetunion gegenüber Staaten aus Warschauer Pakt bei.
- Bricht mit Wirtschafts- und Innenpolitik des Stalinismus.
  - Kritisiert einseitigen Kurs deutscher Wirtschaft.
    - SED entschuldigt sich öffentlich in deutscher Bevölkerung.
      → Von Vielen als Möglichkeit gesehen, System zu ändern.
- **16. Juni 1953 Demonstrationen der Bauarbeiter aus Ostdeutscher Zeitung (M4).**
- Aufstand von Westdeutschland provoziert, aber Volk der DDR hat Streik eigenständig beendet.
- Maßnahmen der DDR – Regierung als schlecht eingestanden, Kurswechsel wird Besserung bringen.
- BRD als Feind der DDR und immer noch faschistisch angesehen.
- **17. Juni 1953 Volksaufstand in DDR.**
- Aus Unzufriedenheit erwachsen, ist 10% Steigerung der Arbeitsnormen der Auslöser.
- Arbeit niedergelegt und Protestmarsch gestartet, welchem sich viele Arbeiter (aus anderen Städten) anschlossen.
- Streikkomitees gebildet, aber ohne zentrale Leitung geblieben.
  → Bald auch Wiedervereinigung und freie Wahlen gefordert.

- **Nacht am 17. Juni 1953 Zerschlagung des Aufstandes.**
- Sowjetische Panzer rücken an, zerstreuen Aufständische und sorgen für „Ordnung".
- *In BRD* wurde Tag zum *„Tag der nationalen Einheit"* erklärt, Ereignisse als brutale Unterdrückung der Deutschen in DDR gewertet.
- *In DDR* stellte man Vorfall als von westlichen Geheimagenten angezettelten Aufstand gegen Regierung dar.
- Diesen gelang es aber nur wenige Unzufriedene zu finden, die Mehrheit der zufriedenen Arbeiter konnte diesen „Angriff" erfolgreich abwenden.
- DDR reagierte mit *doppelter Strategie*.
- Stasi wurde ausgebaut, systemfeindliche bzw. -kritische Personen „beseitigt".
- Ausbau der Schwerindustrie verlangsamt, Bau von Versorgungsanlagen verstärkt und auf Reparationszahlungen verzichtet.
- => Ereignis hatte psychologischen Effekt: Hoffnungen auf Reformen und bessere Zeit aufgegeben.
  - → Höhepunkt der Ausreisewelle folgt.
- **17. Juni 1953 Bekanntmachungen über den Aufstand von Grothewohl (M5).**

| 1. ) | 2.) | 4.) |
|---|---|---|
| Regierung richtet Handeln darauf aus Lebensstandards zu erhöhen und Lage der Arbeiter zu verbessern. Westdeutsche Agenten versuchen Regierung darin zu hindern. Ordnung wird aufrechterhalten, Aufstände nicht geduldet und keine Milde für Provokateure walten lassen. Agenten versagten Verwirrung zu sähen, Maßnahmen zum Wohl der Bürger zu behindern und deutsche Wiedervereinigung zu behindern. | Arbeitsniederlegungen in Berlin durch hohe Normen veranlasst worden. => BRD ist Feind des friedlichen Aufbaus der DDR. | Arbeits- normen werden herab- gesetzt. |

- **Bedeutung des 17. Juni in der BRD.**
- Symbolische Bedeutung: Fokus liegt auf Freiheit und Einheit.
- Deutsche Frage trotz doppelter Staatsgründung noch offen: BRD verstand sich als demokratisches System und grenzte sich von „kommunistischen Gewaltherrschaft" ab.
  - → DDR nicht als Staat anerkannt / angesehen.
- **4. August 1953 „Gesetz über den Tag der deutschen Einheit" in BRD.**
- **1953 5% Klausel gilt bei der Bundestagswahl.**
- **1954 Aufbau der Bundeswehr in BRD.**
- **14. Mai 1955 „Vertrag über Freundschaft, Zusammenarbeit und gegenseitigen Beistand"** (Warschauer Pakt) von UdSSR als Reaktion auf die NATO gegründet.
  - => Bildet den Abschluss der **Blockbildung in Europa**.
    - „**Eiserner Vorhang"** (Churchill) trennt beide Blöcke und verläuft mitten durch Deutschland.
- **1955 Aufnahme der BRD in NATO.**
- Gesamtdeutsche Lösung Stalins nicht mehr möglich.
  - → Beginn der Ostintegration der DDR.
- **1955 Aufnahme der BRD in westeuropäische Union (WEU).**
- **1955 Pariser Verträge.**
- Westmächte gewähren BRD Status eines völlig souveränen Staates.
- Nationales Selbstverständnis der DDR ändert sich im Laufe der Zeit.

> **Wichtig!**
> **Die APO in den 1950ern**
> Die *„Außerparlamentarische Opposition"* vereint reform- orientierte, liberale Kräfte, wächst durch Proteste gegen Vietnamkrieg, antikommunis- tische Grundhaltung und Auf- rüstung. Nur ein Sammelbegriff für viele kleinere Protestgruppen um den Sozialistischen Deutschen Studentenbund (SDS) unter Rudi Dutschke. Mehrheit der (konservativen) Westdeutschen sah Recht und Ordnung in Gefahr.

- Nach **1955** (Ende der Ost-/Westintegration) wird „**Zwei-Staaten - Theorie**" in DDR verkündet.
- **Mitte 1950** Rahmenbedingungen des Wirtschaftsbooms vergehen.
- Arbeitskräftemangel, da Vollbeschäftigung.
- **18. Januar 1956 Nationale Volksarmee (NVA) aufgebaut.**
- **Frühjahr 1956** ökonomische, politische und militärische Ostintegration beendet.
- **1956 DDR tritt Warschauer Pakt bei.**
- **1956** Aufstände in Polen und Ungarn gewaltsam niedergeschlagen.
  → Westen greift nicht ein, wegen Politik des Status quo in Europa.
- **23. Februar 1957 Rentenreform.**
- „Kapitaldeckungsverfahren" zum „Umlageverfahren" gewandelt.
  => Ausgleich des Bevölkerungswohlstandes angestrebt.
- **1957 Saarabstimmung.**
- Saarländer entscheiden sich demokratisch für die Zugehörigkeit an Deutschland und nicht an Frankreich.
- **1957 EWG von BRD mit gegründet.**
  => BRD endgültig politisch, wirtschaftlich und militärisch in den westlichen Block integriert.
- **13. - 15. November 1959 Godesberger Parteitag der SPD.**
- Auf neues Grundsatzprogramm geeinigt, welches an gesellschaftlichen Wandel der BRD anknüpft, da Wahlerfolge der SPD in neuem Deutschland beschränkt.
- Sozialisierungsideen der Nachkriegszeit aufgegeben um privates Eigentum zu schützen, SPD bekannte sich zur Westintegration und Wehrpflicht.
- **4. Juni 1961 Berlin Memorandum.**
- Forderung des Abschlusses eines Friedensvertrages.
  => Adenauer und Westmächte lehnen strikt ab.
- **3. - 5. August 1961 Konferenz der Regierungschefs des Warschauer Pakts.**
- Beraten in Moskau über "Maßnahmen zur Sicherung des Friedens", geben Zustimmung zur Abriegelung der Fluchtwege nach West-Berlin.
- **25. Juli 1961 TV-Ansprache Kennedys.**
- Wiederholt drei Grundsätze westlicher Berlin-Politik.

1. Präsenz alliierter Truppen in West-Berlin.
2. Freier Zugang zur Stadt.
3. Lebensfähigkeit von West-Berlin.

- **Nacht zum 13. August 1961 Baubeginn der Berliner Mauer.**
- Propagiert wurde Schutz vor Einreise ausländischer Feinde, eigentlich Ausbluten des Staates verhindern.
  => Ende des Versuches Sozialismus in DDR mit offenen Grenzen und freier Konkurrenz zu etablieren.
- **„Antifaschistischer Schutzwall" oder „Schandmauer"? (M5)**
- Honecker, Volkspolizei und NVA riegeln Grenzen zum Westen ab, Übertreten wird lebensgefährlich wegen geheimem Schussbefehl und Selbstschussanlagen.
  → Mindestens 136 Tote bei Fluchtversuchen.
- **Vor 1961** SED hatte andere Pläne für Flüchtlingsstopp entwickelt, jedoch fehlte Zustimmung der UdSSR.
- **15. Juli 1961** Pressekonferenz Ulbrichts über Bildung einer „freien Stadt Berlin".
  ▪ Bekräftigt, dass es keine Absichten gibt Mauer zu bauen.
- **Anfang August 1961 Konferenz der Parteichefs des Warschauer Paktes.**

- Stimmt Mauerbau zu.
- BRD wurde Menschenhandel, Abwerbung, Kinderraub, Agententätigkeit, Währungsschieberei und wirtschaftliche Zersetzungstätigkeit vorgeworfen.
  => SED wollte Ausbluten des Landes verhindern.
- **September 1959** Flüchtlingswelle steigt.
- Wegen Versorgungskrise, Zwangskollektivierung und sowjetischem Ultimatum in Berlinkrise.
- **„Wirtschaftlich-technische Revolution"** soll DDR modernisieren.
- 1. Umstrukturierung der Planwirtschaft.
- 2. Ausbau des Bildungssystems.
- 3. Mobilisierung von Arbeitskräften.
- **1962 „Spiegel-Affäre"**
- Minister belog Bundestag in einigen Punkten, musste zurücktreten.
- **15. Juli 1963 NÖSPL.**
- Dezentralisierung der Leitungs- und Planungsvorgänge, Einbindung jüngerer Fachleute und leistungsbezogene Elemente in der Entlohnung.
- **15. Juli 1963 Egon Bahr stellt das Konzept der „Neuen Ostpolitik" vor (413/M1).**
- **Voraussetzung:** Wiedervereinigung nur mit UdSSR möglich, nicht gegen deren Willen; ist ein langschrittiger Prozess.
- **Durchführung:** Angst und Selbsterhaltungstrieb der UdSSR

| Interessant! Situation nach dem Mauerbau |
| --- |
| Bevölkerung hat sich mit sozialistischem System abgefunden. Repressionsmaßnahmen konnten abgebaut werden. „Acht-Stunden-Ideologie" / „Nischengesellschaft" entsteht. „Doppelmoral" oder rationalzweckmäßiger Umgang mit System entsteht, wegen dem Engagement im privaten Bereich, aber nicht im Betrieb. |

nehmen bzw. nicht mehr einschränken, dann zerfällt die Mauer und eine verstärkte Annäherung ist möglich.
- **Vorgehensweise Amerikas abgelehnt:** Intensivierung des Handels kann kein kommunistisches Regime erpressen.
- **15. Oktober 1963 Rücktritt Adenauers.**
- **1963 – 1966 Regierungszeit Erhards.**
- Litt unter Rezession, welcher er Leitbild der „formulierten Gesellschaft" entgegensetzte.
- **1964 – 1982 Amtszeit Breschnews als 1. Sekretär der KPdSU.**
- **„Breschnew Doktrin":** UdSSR greift bei Gefährdung des Sozialismus im verbündeten Staat ein.
- **1965 Bildungsreformgesetz in der DDR.**
- Mathematisch-technisch-naturwissenschaftliche Fächer bekommen höheren Stellenwert.
- „Allgemeine polytechnische Oberschule" bringt SchülerInnen Produktionstechniken näher.
  => Fundierte Grundausbildung und sicherer Arbeitsplatz als Grundlage der Emanzipation angesehen.
- Modernisierungsmaßnahmen der DDR steigern Produktivität im Vergleich zu sozialist. Nachbarstaaten.
  => Konsummöglichkeiten, Wohlstand, soziale Mobilität und Aufstiegsmöglichkeiten erhöht.
- **30. November 1966 Rücktritt Erhards.**
- Moralischer Appell an Gesellschaft wirkungslos.
- **1. Dezember 1966 „Große Koalition" wählt Kiesinger (CDU) zum Kanzler.**
- „Große Koalition" ist nur provisorische Reaktion auf dringende Probleme.
- Regierung hatte wegen *Mauerbau* in Außen- und Deutschlandpolitik, wegen *Rezession* in Wirtschaftspolitik und wegen „*Spiegelaffäre*" in Gesellschaftspolitik an Autorität verloren.
- Neue Generation, welche Krieg und Nachkriegszeit nicht miterlebt hat, kritisiert Rückständigkeit und fehlende Aufarbeitung der NS – Zeit.

=> *„Nachkriegskonsens"* durch Westintegration, wirtschaftlichem Wohlstand und autoritärer, konservativer gesellschaftlicher Struktur zerbrach.
- **1967 Erste Rezession Nachkriegsdeutschlands.**
- Wirtschaftlich nur geringer Rückschlag, jedoch war Wirtschaftswunder politisch-psychologisch zu Ende.
- **27. Mai - 4. Juni 1967** Demonstrationen gegen den **persischen Schah** in Berlin.
- Schah als Symbol der Unterdrückung der 3. Welt angesehen.
- APO und Staatsmacht treffen gewaltsam aufeinander.
- Benno Ohnesorg wird erschossen (**2. Juni 1967**), sodass Berlin monatelang eskalierte und sich übriges Bundesgebiet solidarisierte.
- **14. Juni 1967 Stabilitätsgesetz.**
- „Magisches Viereck" angestrebt.
- **1968** Neue Wirtschaftspolitik erfolgreich, Wirtschaftswachstum steigt, Arbeitslosenzahlen gehen zurück → Inflation setzt ein.
- **30. Mai 1968 Notstandsgesetzte beschlossen.**
- Weil BRD völlig souverän ist, muss sich Regierung selbst um Sicherheit gegen demokratiefeindliche Bedrohungen absichern,
  deshalb Gesetzesentwurf vorgestellt.
  - Verfassung darf **Grundrechte, freie Berufswahl, Post-** und **Fernmeldegeheimnis** einschränken.
- Erinnerte viele Zeitgenossen an Artikel 48 der Weimarer Verfassung, welcher Aufstieg Hitlers begünstigte.
- **Sommer 1968** Höhe- und Wendepunkt der Studentenbewegung.
- Daher Bezeichnung als „**68er - Bewegung**".
- Zusammenbruch an Frage, ob Gewalt legitimes Mittel der Politik sei.
  => APO zerfällt in viele kleine Nachfolgebewegungen.
- „**Rote Armee Fraktion**" (RAF) als kommunistische Splitterbewegung wandert in den Untergrund.
- Verantwortlich für die terroristischen Attentate in **1970ern.**
- **1968 DDR Verfassungsänderung** (Nach Berliner Mauer) grenzt DDR von BRD ab.
- Ideologisches Bekenntnis zum Sozialismus und aggressive Schuldzuweisung an westlichen Kapitalismus.
- **Herbst 1969** Bildung der sozialliberalen Koalition SPD und FDP.
- Brandt (SPD) als Bundeskanzler und Scheel (FDP) als Außenminister.
- FDP hat sich von nationalliberaler Orientierung zu Partei der Bürgerrechte und gesellschaftlichen Reformen (Bildung, Recht) gewandelt.
- SPD nähert sich revolutionären Studenten an, nimmt einige auf.
- **Schwerpunkte der sozialliberalen Reformen.**
- Abbau traditioneller Strukturen, Aufbau demokratischer Mitbestimmungselementen in Innen-, Gesellschafts- und Bildungspolitik.
  - Resozialisierung im Strafrecht durchgesetzt. Mitwirkungsrechte und Schutz der Kinder ausgebaut, Ehepartner gleichberechtigt und Mitsprachemöglichkeiten der Arbeiter in Betrieben erhöht.
- *Wandel durch Annäherung"* durch **„neue Ostpolitik"** in Deutschlandpolitik.

> **Kontrovers!**
> **Bedeutung der APO.**
> Massenbewegung, aber auf studentisches Milieu beschränkt; hat Arbeiterschichten nicht erreicht. Realitätsfremde, verrückte Irrwege ausprobiert worden, welche gesellschaftlich-politischen Modernisierungsschub in Gang gesetzt hat. Geforderte Emanzipation des Individuums, vorbehaltlose Überprüfung gesellschaftlicher Strukturen und Institutionen auf den rationalen Sinn hin führt zum Umdenken der Verantwortlichen.

- **Bis Ende der 1960er** verfolgte BRD **„Hallstein Doktrin".**
- Anerkennung der Souveränität der DDR führte zum Abbruch sämtlicher diplomatischer Kontakte.
  → Internationale Isolierung der DDR, aber durch Kuba Krise ins Schwanken geraten.
  => Entspannungspolitik der Supermächte macht Hallstein Doktrin ein Ende.
- **„Neue Ostpolitik"** der sozial-liberalen Regierung Brandt/Scheel.
- „Wandel durch Annäherung", also die Fortsetzung der **„Magnet-Theorie".**
- Anerkennung der DDR soll SED Regime in Sicherheit wiegen, damit Lockerung der innerdeutschen Grenzen und gesellschaftlicher Wandel provoziert wird.
- **27. Mai 1970 CSU Abgeordneter von und zu Guttenberg gegen die „neue Ostpolitik" (414/M4).**
- Unterdrückung soll nicht geduldet werden, da Unterdrücker sonst in seinem Verhalten bekräftigt wird.
- Zieht Lehre aus NS – Zeit: Wie in Sudetenkrise eignet sich nun UdSSR fremdes Land an.
- Ostpolitik würde zur Entfremdung zur NATO führen und Vormachtstellung der UdSSR ausbauen.
- Erste Konsequenz der Ostpolitik: Abzug der amerikanischen Truppen zum Schutz der Bundesrepublik.
- Zweite Konsequenz der Ostpolitik: Status quo in Europa zu Gunsten der UdSSR verändert.
- Dritte Konsequenz: Politischer Sieg in Europa ermutigt UdSSR zu weiteren Interventionen in Europa.
  => Deutschland soll sich nicht durch Gewalt und Machtdemonstration in die Knie zwingen lassen.
- **1970 – 1972 „Ostverträge" (Moskauer Verträge, Grundlagenvertrag, Berlinabkommen).**
- BRD regelt innerdeutschen Beziehungen neu und nimmt Kontakt zu Ostblockstaaten auf.
- **14. Mai 1970 Geburtsstunde der RAF.**
- Gruppe von Radikalen befreit inhaftiertes Mitglied.
- **Terrormaßnahmen der RAF.**
- Generalbundesanwalt Buback und Chef der Dresdner Bank von RAF erschossen worden.
- Arabische Terroristen entführen Lufthansa-Maschine „Landshut" um RAF zu unterstützen.
  → Spezialkommando befreit „Landshut" in Somalia.
- **3. Mai 1971 Rücktritt Ulbrichts.**
- Ulbricht wollte den Weg der Annäherung an Westen nicht gehen.
- **3. Mai 1971 „Wahl" Erich Honeckers.**
- 1972 „Radikalerlass" schränkt Rechte der Terrorverdächtigen ein.
  => Liberale und Linke fürchten Ausbau eines Polizeistaates.
- Minderheiten der **„autonomen"** und **„alternativen"** Bewegung solidarisierte sich mit RAF und verübte auch Anschläge.
- Polizei reagierte entsprechend und **Spirale der Gewalt** setzte sich fort.
  => Gesellschaftliche Isolation der utopischen politischen Ziele der RAF und besonnenes Handeln des Staates <u>beenden Gewalt und Terror schrittweise</u>.
- **1972 Bildungsreformen** vom **„Bildungsrat"** aus angegangen.

> **Wichtig!**
> **Erfolge der „Neuen Ostpolitik".**
> Reisen und Besuche über deutsche Grenze werden - unter strengen Restriktionen - möglich. Wissenschaftlicher und kultureller Austausch intensiviert worden. Deutsch-deutsche Gipfeltreffen zwar heikel als intensiv gepflegt worden.

> **Wichtig zu Wissen!**
> **Bedeutung der „Ära Honecker".**
> Materielle Verbesserung und innenpolitische Liberalisierung herbeigeführt. Neue Kulturpolitik gefordert, Künstler und Intellektuelle sollen sich vielseitig und kritisch mit Aufbau des Sozialismus beschäftigen. Aufhebung des Verbotes für westliche Musik und Mode; Autonomie der Jugendlichen gefördert.

- Grund- und Leistungskurse eingeführt, Wahlmöglichkeiten und Erweiterung von Inhalten und Fächern.
- **BAföG** zur Förderung der Bildung in einkommensschwachen Familien eingeführt.
- Innere Reformen führen zur Politisierung der Bevölkerung (wie **68er Bewegung** forderte).
- Zunehmendes Interesse der Bevölkerung an demokratischer Mitbestimmung in Parteien und Institutionen.
- „**Neue Ostpolitik**" und innenpolitische Reformen veranlassen viele Deutsche zum Protest.
- Immer mehr FDP und SPD Parteimitglieder wechseln zur CDU/CSU.
- **18. September 1973** DDR als vollwertiges Mitglied in UNO aufgenommen.
  => Honecker setzt Annäherungskurs der UdSSR vorbehaltlos um.
- **1970er/1980er** „**Friedensbewegung**" (gegen Hochrüsten), „**Umweltbewegung**" (gegen Zerstörung der Natur) und „**Dritte Welt Bewegung**" (gegen Ausbeutung) prägen politische Realität der Republik.
  => Kampagnen nicht zu neuen Gesetzen geführt, aber Gesellschaft politisiert.
- „**Neue Frauenbewegung**" lehnt sich gegen traditionelle, patriarchale Gesellschaftsordnung auf, welche Selbstbestimmung und -erhaltung der Frau in Öffentlichkeit und privaten Bereich einschränkt.
- **Frauenbewegung** teilt sich in radikalen und gemäßigten Flügel auf.
- Radikaler Flügel lehnt Zusammenarbeit mit Männern ab, gemäßigter setzt aktive „Gleichberechtigungspolitik" durch (Frauenquoten etc.).
- **21. Dezember 1972** „**Grundlagenvertrag**" beschlossen.
- BRD erkennt Souveränität der DDR an, aber nicht als Ausland angesehen.
  → Botschaft in DDR hieß deshalb nur *„Ständige Vertretung".*
- **1970er** Jahre Verschlechterung der weltwirtschaftlichen Rahmenbedingungen.
- **1973/74 Erster** „**Ölpreisschock**".
- Steigende Ölpreise sorgen für **Arbeitslosigkeit**, welche Lebensbedingungen der Einzelnen verschlechtert.
- Bundesregierung erhöht Anteil der Energieversorgung von **Kernreaktoren** und lässt neue bauen.
  - Auseinandersetzung um **Kernenergie** in deutscher Gesellschaft brach aus.
- Wirtschaft der DDR trotz sowjetischem Erdgas geschwächt.
  - Für Umsetzung des Reformkurses wurden Kredite aufgenommen, nun nicht mehr zurückzuzahlen.
  => Wirtschaftskrise beginnt, welche u.a. für den Zerfall der DDR verantwortlich ist.
- **6. Mai 1974** Brandt tritt zurück.
- Wirtschaftliche Probleme erschweren inneren Reformen.
- Kanzlerberater Günther Guillaume als DDR-Agent enttarnt worden.
- **16. Mai 1974** ehemaliger Finanz- und Wirtschaftsminister Schmidt (SPD) zum Kanzler gewählt.

> **Gut zu Wissen!**
> **Debatte um das Abtreibungsrecht.**
> §218 StGB schützt ungeborenes Leben, schränkt aber Selbstbestimmungsrecht der Frauen ein. Bundestag verabschiedet ein Gesetz für die Abtreibung, Bundesverfassungsgericht setzt es aber außer Kraft. **1976** wird die Abtreibung doch erlaubt.

> **Interessant!**
> **Gesellschaftlicher Normen- und Wertewandel ab Mitte 1970.**
> Erziehung zu Ordnung und Anpassung wandelt sich zu Erziehung zur Mündigkeit, Emanzipation und Kritikfähigkeit. Neue Umgangsformen und unkonventionelle sowie lässige Verhaltensweisen kommen auf. Deutsche Kultur von Migranten beeinflusst, Auslandsreisen und internationale wirtschaftliche Verflechtungen. => BRD wird weltoffener.

- **1974 DDR Verfassungsänderung** (nach „neuer Ostpolitik") reflektiert Wandel von Konfrontations- zu Entspannungspolitik.
  - DDR formuliert Identität als sozialistische Nation gelassener.
- **25. Februar 1975** Bundesverfassungsgericht hebt Pro-Abtreibungsgesetz nach knapp einem Monat auf, weil Artikel 2 des Grundgesetzes das ungeborene Leben schützt.
- **1975 KSZE - Schlussakte** von UdSSR unterzeichnet.
  - Unverletzlichkeit der europäischen Grenzen und Souveränität der DDR anerkannt worden.
  - „4. Korb" garantiert Menschenrechte u.a. Freizügigkeit und ungehinderte Reisemöglichkeiten.
  - → Ungeahnte innenpolitische Sprengkraft, da Realität im Ostblock der Schlussakte widerspricht.
  - Steigende Ausreiseanträge, versuchte „Republikflucht" und Aufstieg der Oppositionsgruppen.
  - => DDR verstärkt Repressionsmaßnahmen und Überwachung.
  - => Beginn der Systemkrise, welche u.a. das Scheitern der DDR zu verantworten hat.
- **1975 - 1976 „Second Cold War"** sorgt für frostigen und reservierten Ton in **„neuer Ostpolitik".**
  - Einzige Annäherungen waren Milliardenkredit und „Freikäufe" politischer Gefangenen.
  - DDR stellt Arbeitsplatzgarantie als entscheidenden Systemvorteil heraus.
    - Kann Sicherheit, Ordnung und Geborgenheit garantieren.
- **Januar 1976 Methoden und Ziele der Stasi (416/M1).**
- **Formen der Zersetzung:**
- **Psychologische Zersetzung des Individuums.**
    - Selbstvertrauen und Selbstzweifel der Person durch Untergrabung von Überzeugungen erreichen.
- **Zerstreuung von oppositionellen Gruppen.**
    - Gruppe durch Rivalitäten oder Versetzungen an entfernte Arbeitsplätze auflösen.
- **Gesellschaftliche Isolation der Person.**
    - Ruf der Person durch Bild-/Videomaterial oder Gerüchte schädigen.
- **18. - 22. Mai 1976 9. Parteitag der SED.**
  - „Einheit von Wirtschafts- und Sozialpolitik" beschlossen.
    - Konsumgüterproduktion bekommt Vorrang, Umsetzung des „real existierenden Kommunismus" beginnt.
    - „Plattenhaussiedlungen" und finanzielle Unterstützungen für einkommensschwache Familien.
- **1976** DDR führt bezahltes **„Baby - Jahr"** ein.
  - Teil der Entlastungspolitik für (junge Frauen); sowie Kinderkrippenplätze ausgebaut, Frauen mit Kindern arbeiten 8 Stunden weniger die Woche.
- **1977** Kalter Krieg verschärft sich und festigt **Friedensbewegung.**
  - Christlich-alternativ motiviert, von Befürwortern der USA als Gehilfen des Warschauer Paktes angesehen.
- **Ende 1970er Wirtschaftskrise** in DDR.
  - Verstärkung der repressiven Maßnahmen.
- **Beginn der 1980er** innere und ökonomische Widersprüche führen zum Riss im sozialistischem System.
- **Januar 1980 Gründung der Partei Die Grünen.**
  - Schneller politischer Aufstieg wegen Unterstützung vieler Protestbewegungen.
  - **Vierparteiensystem** entsteht.

- **1. Oktober 1982** Koalitionswechsel der FDP.
- SPD tief gespalten in Diskussion über **NATO - Doppelbeschluss.**
- FDP verlangt Ende der „nachfrageorientierten Globalsteuerung" (Keynes) und Einschränkung der staatlichen Sparmaßnahmen zur Beendigung der Finanzkrise.
- Misstrauensvotum ersetzt Schmidt (SPD) durch Kohl (CDU).
- **1982 BRD vermittelt DDR einen Milliardenkredit** um Staatsbankrott zu verhindern.
- **1983** Partei „Die Grünen" im Bundestag vertreten.

> **Gut zu Wissen!**
> **1982 - 1989 Ausdifferen-**
> **zierung der Lebenshaltungen.**
> Für nachindustrielle Gesellschaften typische Tendenz zur „Pluralisierung" und „Individualisierung" der Lebensstile, Weltanschauungen und politischen Auffassungen.

- Neue Koalition erhebt Anspruch auf **„geistig-moralische Wende".**
- Wirtschaftspolitik wandelt von „nachfrageorientierter Politik" (Keynes) zur „angebotsorientierter Politik" (Friedman).
  - Staatliche Sparpolitik sowie Steuersenkungen sollen Produktivität stärken und Arbeitsplätze schaffen.
  => Arbeitslosigkeit steigt und belastet Staatshaushalt.
  => Inländische Nachfrage sinkt, deutsche Wirtschaft wächst nur durch Export.
- **1985 - 1991 Gorbatschow ist 1. Sekretär der KPdSU.**
- „Breschnew Doktrin" wird entkräftet, verbündeten Staaten Recht auf eigenständige Entwicklung gegeben.
  - → **Politik des „Neuen Denkens".**
  - Abhängigkeit zur UdSSR lästig, stützte aber Position der Machthaber, da sowjetische Unterstützung im Falle von Revolutionen oder Aufständen.
- DDR unterstützt Politik des „Neuen Denkens" offiziell, lehnt es aber innenpolitisch ab.
- **1985 DDR im Zweifrontenkrieg gefangen.**
- Gegen das kapitalistische Ausland und Reformpolitik des „sowjetischen Brudervolkes".
  => DDR isoliert sich nicht nur international sondern auch im Inland.
- **Ab 1985 Wandel in Deutschlandpolitik.**
- Isolation des SED – Regimes und maßgeblich die Ereignisse beeinflussende, reformorientierte Kräfte liberalisieren Deutschlandpolitik.
- **Frühjahr 1986** Kernschmelzunfall des sowjetischen Atomkraftwerkes in Tschernobyl.
- Entfachte Debatte um Umweltpolitik und führte zum Engagement vieler Bevölkerungsgruppen.
- Manipulations- und Spendenskandale der Politik sorgen für allgemeine „Politikverdrossenheit".
- Jedoch hohe Zustimmung der Demokratie und Zufriedenheit mit eigenen Lebensumständen.

# Quellenblatt Deutsche Teilung

- **10. März 1952 Stalin-Note.**
  *Vorschlag Stalins für eine baldige gesamtdeutsche Lösung.*

| A) Politische Leitsätze. | B) Territorium. | C) Militärische Leitsätze. |
|---|---|---|
| Unabhängiger, demokratischer, friedliebender Staat soll entstehen. Deutschland soll demokratische Rechte (Presse-, Meinungs-, Versammlungs-, Religions- und Freiheit auf politische Gesinnung) erhalten. Nach einem Jahr sollen ausländische Truppen und Militärstützpunkte aufgegeben werden. Angebot der Amnestie (Alle außer Nazis sollen gleiche politischen und bürgerlichen Rechte erhalten um Deutschland demokratisch und friedliebend aufzubauen). Demokratische Parteien und Organisationen sollen frei handeln dürfen. Demokratiefeindliche Organisationen sind nicht geduldet. | Grenzen aus Potsdamer Konferenz sollen eingehalten werden. | Selbstverteidigungsstre itkräfte sind erlaubt. → 1.7. beschränkt Menge und Ausrüstung. Produktion von Kriegsmaterial und -ausrüstung für obrig genannten Streitkräfte erlaubt, nicht darüber hinaus. |

- **16. Juni 1953 Demonstrationen der Bauarbeiter aus Ostdeutscher Zeitung (M4).**
  - Westdeutsche Provokateure wurden im „demokratischen Sektor" Berlins eingeschleust um Regierung, welche „großzügige Maßnahmen" fürs Volk tätigte, zu provozieren.
    - Haben Bauarbeiter, welche durch Normerhöhung gereizt waren, zur Revolte veranlasst.
  - Westdeutsche Jugendliche wollten in Stalinallee Unruhe stiften.
  - Normenumsetzung war falsch und gewalttätig, weshalb BRD durch „üble Methoden" versuchte Bauarbeiter zum Streik zu bewegen.
    - → BRD sei Feind des friedlichen Aufbaus in DDR und immer noch faschistisch.
  - Protestzug sei nicht behindert worden, jedoch hinderte dieser eine Regierungserklärung.
  - Westdeutsche Provokateure wollten Protestzug nach Westberlin leiten, aber DDR – Bauarbeiter haben diesen umgeleitet.
    - → Volk der DDR selbst hat Streik beendet.

- **17. Juni 1953 Bekanntmachungen über den Aufstand von Grothewohl (M5).**

| 1. ) | 2.) | 4.) |
|---|---|---|
| Regierung richtet Handeln darauf aus Lebensstandards zu erhöhen und Lage der Arbeiter zu verbessern. Währenddessen haben westdeutsche Agenten von den deutschen Monopolherren versucht die Regierung darin zu hindern. Ereignisse wie Arbeitsniederlegung und Ausschreitungen von westdeutschen Agenten genau geplant worden. Ordnung wird aufrechterhalten, Aufstände nicht geduldet und keine Milde für Provokateure walten lassen. Agenten versagten Verwirrung zu sähen, Maßnahmen zum Wohl der Bürger zu behindern und deutsche Wiedervereinigung zu behindern. | Arbeitsniederlegungen in Berlin durch hohe Normen veranlasst worden. Unruhen sind Werk von faschistischen Provokateuren. => BRD ist mit demokratischer Macht in der DDR und den Maßnahmen zur Verbesserung der Arbeiterlage unzufrieden. | Arbeits- normen werden herab- gesetzt. |

- **4. August 1953 „Gesetz über den Tag der deutschen Einheit" in BRD.**
- *Am 17. Juni 1953 hat sich das deutsche Volk in der sowjetischen Besatzungszone und in Ostberlin gegen die kommunistische Gewaltherrschaft erhoben und unter schweren Opfern seinen Willen zur Freiheit bekundet. Der 17. Juni ist dadurch zum Symbol der deutschen Einheit in Freiheit geworden. Der Bundestag hat folgendes Gesetz beschlossen:*
- *§1 Der 17. Juni ist der Tag der deutschen Einheit.*
- *§2 Der 17. Juni ist ein gesetzlicher Feiertag.*

- **„Antifaschistischer Schutzwall" oder „Schandmauer"? (M5)**
- **13. August 1961** *„Berliner Morgenpost"* meldet Flucht von 2662 Menschen von DDR nach BRD innerhalb von 24 Stunden.
  - *„Neues Deutschland"* kündigt Grenzkontrollen an Westsektorengrenze ähnlich denen in anderen Staaten an.
- Honecker (Sekretär des ZK und Mitglied des Politbüros) lässt 45km lange Grenze zwischen Ost- und Westberlin von NVA und Volkspolizei in Nacht mit Stacheldraht abriegeln.
  - Bald durch Betonmauer und Grenzsicherungssystem ersetzt.
    → Keine Möglichkeit mehr nach Westen zu gelangen, früher noch mit S-Bahn oder U-Bahn.
    => Familien plötzlich und dauerhaft voneinander getrennt.
- Flucht über Grenze wurde lebensgefährlich.
  - Geheimer Schussbefehl, Selbstschussanlagen etc.
    => Mindestens 136 Tote durch Fluchtversuch.
- **Vor 1961** SED hatte andere Pläne für Flüchtlingsstopp entwickelt, jedoch fehlte Zustimmung der UdSSR.
- **15. Juli 1961** Pressekonferenz Ulbrichts über Bildung einer „freien Stadt Berlin".
  - Spricht davon, dass Westdeutsche Mauer wollen, aber Ostdeutsche zu sehr mit Wohnungsbau beschäftigt seien.
  - Bekräftigt, dass es keine Absichten gibt Mauer zu bauen.
- **Anfang August 1961 Konferenz der Parteichefs des Warschauer Paktes.**
  - Stimmt Mauerbau zu.
- Mauerbau als „Rettungsmaßnahme" propagiert.
  - BRD wurde Menschenhandel, Abwerbung, Kinderraub, Agententätigkeit, Währungsschieberei und wirtschaftliche Zersetzungstätigkeit vorgeworfen.
    => SED wollte Ausbluten des Landes verhindern.
    → 1949 – 1961 über 2,7 Millionen Ostdeutsche in Westen geflohen (Intellektuelle (Lehrer, Ärzte), Jugendliche).
- Berliner Notaufnahmelager fragte nach Gründen für Flucht.
  - Politische Gründe, Berufs- und Studienwünsche verweigert worden, Wunsch nach besserem und freiheitlicherem Leben.
- **September 1959** Flüchtlingswelle steigt.
- Wegen Versorgungskrise, Zwangskollektivierung und sowjetischem Ultimatum in Berlinkrise.
- **Juni 1961 Berlin Memorandum.**
  - UdSSR droht mit Friedensvertrag für DDR und Gewährung von Souveränitätsrechten auf Zufahrtswege.
    → Westberlin solle von Ostberlin getrennt werden.

- **15. Juli 1963 Egon Bahr stellt das Konzept der „Neuen Ostpolitik" vor (413/M1).**
- Wiedervereinigung nur mit UdSSR möglich.
- Politik des Drucks und Gegendrucks erstarrt den Status quo.

16

- Wenn eigene Politik die überlegener ist, dann kann man „Befreiungsvorstellungen" zurückstellen.
- Kritik an Adenauers Westintegration.
- => Überwindung des Status quo indem Status quo zunächst nicht verändert wird.
- Politik des Alles oder Nichts muss schwinden.
- Wiedervereinigung ist langschrittiger Prozess.
  → UdSSR wird sich DDR nicht „entreißen" lassen um westlichen Kapitalismus zu stärken.
- Kennedy will Handel mit Ostblockstaaten intensivieren.
  → Lobt Kennedy in der Hoffnung, dass Amerika sich neuer Politik anschließt.
- Nur Wirtschaftsbeziehungen lassen „Zone" nicht zerfallen oder „kommunistisches Regime" nicht den Kurs ändern.
- Erkennt DDR nicht als Staat an, spricht von Zone; diese wird kommunistisch unterdrückt.
- Will Situation der Deutschen im Osten erleichtern.
- UdSSR will Westen im Bereich des Lebensstandards überholen.
- Dadurch wird Leben der Menschen erleichtert und Bindungen verstärkt.
- Mauer ist kein Zeichen der Schwäche, sondern der Angst und des Selbsterhaltungstriebs der UdSSR.
  => Wandel durch Annäherung: Angst der UdSSR nehmen und Selbsterhaltungstrieb nicht weiter einschränken, dann wird Grenzsituation entschärft.

- **27. Mai 1970 CSU Abgeordneter von und zu Guttenberg gegen die „neue Ostpolitik" (414/M4).**
- Selbstbestimmungsrecht der Völker für alle Deutsche gefordert.
- Unterdrückung soll nicht geduldet werden, da Unterdrücker sonst in seinem Verhalten bekräftigt wird.
- Auflehnen gegen Unterdrückung schürt Freiheitsgruppen.
- Zieht Lehre aus NS – Zeit: Wie in Sudetenkrise eignet sich nun UdSSR fremdes Land an und Bundesrepublik will es anerkennen.
- Grenzen als falsch angesehen, CDU/CSU erkennt diese „so genannten Realitäten" nicht an.
- Ostpolitik würde zur Entfremdung zur NATO führen und Vormachtstellung der UdSSR ausbauen.
- Erste Konsequenz der Ostpolitik: Abzug der amerikanischen Truppen zum Schutz der Bundesrepublik.
- Zweite Konsequenz der Ostpolitik: Status quo in Europa zu Gunsten der UdSSR verändert.
- Dritte Konsequenz der Ostpolitik: Politischer Sieg in Europa ermutigt und bestärkt den Friedensstörer UdSSR zu weiteren Interventionen in Europa.
  → UdSSR als gewalttätige Macht dargestellt, welche aggressive Expansionspolitik betreibt.
  => Deutschland soll sich nicht durch Gewalt und Machtdemonstration in die Knie zwingen lassen.

- **Januar 1976 Methoden und Ziele der Stasi (416/M1).**
  ▪ Richtlinien zur Entwicklung und Bearbeitung operativer Vorgänge.
- Offensive, konzentrierte, tatbestandsbezogene Bearbeitung von Hinweisen der allgemeinen Kriminalität und Staatsverbrechen.
- IM sollen an verdächtige Personen herangeführt werden, um deren Vertrauen zu gewinnen und Pläne von feindlich-negativen Handlungen herauszufinden.
- **Formen der Zersetzung:**
- **Psychologische Zersetzung des Individuums.**

- Mittels falscher aber glaubwürdiger und nicht widerlegbarer Angaben Ruf der Person schädigen.
  - Selbstvertrauen des Verdächtigen durch berufliche und gesellschaftliche Misserfolge brechen.
  - Erzeugung von Zweifeln an persönlicher Perspektive durch zielgerichtete Untergrabung von Überzeugungen.
  - Misstrauen des Verdächtigen im persönlichen Umfeld erzeugen.
- **Zerstreuung von oppositionellen Gruppen.**
  - Rivalitäten in Gruppen durch zielgerichtete Ausnutzung persönlicher Schwächen schüren.
  - Einschränkung der gegenseitigen Beziehungen durch Versetzung an entlegenere Arbeitsplätze.
- **Gesellschaftliche Isolation der Person.**
  - Briefe/Telegramme o.ä. mit peinlichen, gefälschten Ereignissen in Umlauf bringen.
  - Verbreitung von Gerüchten.
  - Vorladung des Verdächtigen.